Hans Ost

Schillers Reliquien
im
Andenken Goethes

Hanstein Verlag

Friedrich von Schiller

zum Gedächtnis am

200. Todestag – 10. Mai 2005

©Hanstein Verlag, Köln, 2005
Cäcilienstraße 48 · 50667 Köln
Druckerei Gebrüder Kopp, Köln
ISBN 3-9807147-6-4

Totenmaske Friedrich Schillers
abgenommen am Tag nach Schillers Tod
durch den Weimarer Bildhauer Ludwig Klauer

Begegnung

Die schicksalhafte Begegnung Goethes und Schillers im Jahre 1794 und das damals geschlossene Bündnis waren entscheidend für die Epoche der Weimarer Klassik; darüber hinaus stellte „diese Freundschaft eines der größten Wunder der europäischen Geistesgeschichte" dar.[1] In Schillers berühmtem Geburtstagsbrief vom 23. August 1794 sah Goethe – wie es in seiner Antwort vom 27. des Monats hieß – die „Summe seiner Existenz" gezogen, und fortan war die Verbindung der Freunde unverbrüchlich. Noch mehr als zwei Jahrzehnte nach dem Tode Schillers, am 26. Januar 1827, schreibt Goethe an Schillers Sohn Ernst und an den Verleger Cotta, daß die geplante und dann 1828-29 in sechs Bänden erschienene Ausgabe des Briefwechsels der Freunde „einen tüchtigen Schlußstein macht, meine und Schillers Werke zusammen zu halten und zu stützen." Hier werde deutlich „was wir beide gewollt, wie wir uns an einander gebildet, wie wir einander gefördert, was uns gehindert, wie weit wir mit unsern Leistungen gediehen, und warum nicht weiter?"

Die Gegenüberstellung der Büsten Goethes und Schillers in der Weimarer Bibliothek macht dieses Bündnis als ein über den Tod beider hinausgehendes imaginäres Gespräch anschaulich (Abb. 2 – 3). Die Büste Schillers war eben im Jahre 1794 von Johann Heinrich Dannecker geschaffen worden; die Büste Goethes, ein Werk Alexander Trippels, war bereits 1787 während der *Italienischen Reise* des Dichters in Rom entstanden. Nach nur einem Jahrzehnt wurde diesem Freundschaftsbund durch den frühen Tod Schillers ein Ende gesetzt.

2. Johann Heinrich Dannecker
Porträtbüste Friedrich von Schillers, 1794
Stiftung Weimarer Klassik, Kunstsammlungen

3. Alexander Trippel
Porträtbüste Johann Wolfgang von Goethes, 1787
Goethe-Museum Rom

Die Umstände von Schillers Tod und Begräbnis im Jahre 1805, das spätere Schicksal seiner Gebeine, die 1826 wieder gehoben und schließlich auf verschlungenen Wegen in die Weimarer Fürstengruft gelangten, wo sie heute neben den sterblichen Resten Goethes ruhen, hat zu den abstrusesten Legenden über Schillers Tod geführt. Sie gipfelten in der Behauptung, Schiller sei aufgrund finsterer jüdischer Machenschaften oder durch die Freimaurer vergiftet worden, alles dies zudem unter Mitwisserschaft Goethes, der Mitglied in der Weimarer Loge „Amalia" war. Selbst die 1935 durch Max Hecker erfolgte Publikation aller einschlägigen Dokumente konnte solchen Unterstellungen bis in die jüngste Zeit kein Ende bereiten und so hat dann Albrecht Schöne in seiner im Jahre 2002 erschienenen eindringenden Studie zu „Schillers Schädel", den Legendenbildungen durch genaue Analyse aller Quellen entgegenzuwirken gesucht.[2] Was die überlieferten Tatsachen angeht, können wir uns daher im folgenden weitgehend auf die Darstellungen Heckers und Schönes stützen. Es soll aber auch gezeigt werden, in welchen Stufen Goethe mit dem Tod und mit den sogenannten Reliquien Schillers umging, wie er sich dabei über traditionelle Formen der Erinnerungskultur und speziell des Dichterkults hinwegsetzte und sich so seine ganz persönliche Art und Weise der Trauer und des Andenkens an den verstorbenen Freund bewahrte.

Schillers Tod und Goethes Gedenken
im Jahre 1805

Die Leipziger *Zeitung für die elegante Welt* meldete am 21. Mai 1805 über Schillers Tod und Begräbnis: „In der Nacht vom 11. zum 12. Mai, wurde er (der am 9. verstorbene *Schiller*) begraben und zwar in der alleräußersten Stille. Handwerker sollten ihn hintragen; aber seine Freunde und Verehrer traten den Abend in aller Eile zusammen, um sich diese Ehre und diese Pflicht nicht nehmen zu lassen. Es waren einige literärische Männer (Herr Professor Voß, Herr Dr. Kannegießer, Herr Schütze u.a.), einige Sekretärs und Registrators. Der Zug ging in der Stunde nach Mitternacht durch die ganze Stadt nach dem Jakobskirchhofe – langsam und mühsam, (es waren der Träger nicht zu viele), ohne alles Geräusch, ohne alle Zuschauer, ohne alles Gefolge. Ich glaube fast, daß noch kein Mensch auf der Welt so in der Stille begraben worden ist als hier der berühmte Schiller. Es war eine mondhelle Nacht, alles lag im tiefsten Schlaf, umher kein Ton der Klage, keine Stimme der Trauer – nur der Wind, der an dem Dachwerk der Kirche rasselte, war das einzige schauerliche Geräusch, das bei dem Eingange zu den Toten aus der Ferne sich hören ließ. Der Mond war eben hinter ein dunkles Gewölk getreten, als der Sarg seitwärts in einem kleinen, überbaueten Gewölbe eingesenkt wurde."[3] Es war dies das Landschafts-Kassengewölbe, ein anonymes Sammelgrab.

Bald darauf hat Freiherr von Archenholz in der von ihm herausgegebenen Zeitschrift *Minerva* diesen Bericht zitiert und empört festgestellt: „Ist dies alles buchstäblich wahr, so ist es schrecklich... Diese äußerste Stille! Diese Mitternachtsstunde, wie bei dem Begräbnis eines an der Pest

Verstorbenen! Dieser isoliert fortgeschleppte Sarg, ohne alles Gefolge."[4] Am wenigsten in Weimar – so der Berichterstatter – wäre dies zu erwarten gewesen, in der Stadt Wielands, Goethes, Herders, Schillers, der größten Dichter der Nation. Und nun verweist Archenholz auf die beim Tode anderer Dichter durchgeführten Leichenbegängnisse, die zu öffentlichen und nationalen Ereignissen erhoben worden waren; vor allem galt dies für Klopstock, der mit äußerstem Pomp und ungeheurer Anteilnahme in Hamburg zu Grabe getragen worden war. Doch in Hinsicht auf Weimar, wo zudem – wie nun betont wird – „Goethe, der vieljährige Vertraute Schillers, Minister war",[5] mußte die Art und Weise wie Schiller begraben wurde, unwürdig, ja unverständlich erscheinen.

Tatsächlich aber hielt sich die Form von Schillers Begräbnis „einigermaßen im Rahmen des Üblichen, genügte den Vorschriften und entsprach in ihrer Zurückhaltung offenbar den Wünschen der Witwe und der nächsten Angehörigen."[6] Im übrigen hatte sich Charlotte von Schiller das Sammelgrab im Kassengewölbe nur als vorübergehende Ruhestätte ihres Gatten gedacht, bis dieser einst zusammen mit ihr in einem Einzelgrab bestattet werden sollte.[7]

Karoline von Wolzogen, geborene von Lengefeld, die Schwester Charlottens, welche 1830 „Schillers Leben. Verfasst aus Erinnerungen der Familie, seinen eigenen Briefen und den Nachrichten seines Freundes Körner" herausgab, widersprach dann auch dem schauerlichen Gemälde, das Archenholz in der *Minerva* vorgestellt hatte, indem sie schrieb: „Das Leichenbegängnis war dem Range des Verstorbenen gemäß angeordnet; aber zwölf junge Männer höheren Standes nahmen die Leiche den gewöhnlichen Trägern ab, und von liebenden Freundesarmen wurde sie zur Ruhe getragen. Es war eine schöne Mainacht. Nie habe

10

4. Carl Friedrich Lessing: Klosterhof im Schnee
Wallraf-Richartz-Museum Köln

ich einen so anhaltenden und volltönenden Gesang der
Nachtigallen gehört, als in ihr."[8] Karoline hat dann auch
Auskunft über die Pläne zu einer späteren Umbettung
Schillers gegeben, die jedoch aufgrund verschiedener Umstände nicht verwirklicht werden konnten, bis es schließlich zur Bergung der Gebeine Schillers im Jahre 1826
kam,[9] worüber unten zu berichten sein wird.

Erklärungsbedürftig bleibt dennoch das von den
Zeitgenossen gerügte, weil beim Tode Schillers scheinbar
teilnahmslose Verhalten des besten Freundes Goethe. Doch
Goethe hat lebenslang und grundsätzlich den Tod und
alles, was mit ihm zusammenhängt, gemieden. Zu dem
Gemälde Karl Friedrich Lessings mit dem „Klosterhof im
Schnee", wo ein Mönch zu Grabe getragen wird, hat er sich
gänzlich absprechend geäußert (Abb. 4): „Das sind ja

11

lauter Negationen des Lebens. Zuerst also die erstorbene Natur, Winterlandschaft; den Winter statuiere ich nicht... und nun zuletzt, nun vollends noch ein Toter, eine Leiche; den Tod aber statuiere ich nicht."[10]

Als 1782 der Vater, als 1808 die Mutter Goethes starb, ist er nicht zur Beerdigung nach Frankfurt gereist, hat auch nie deren Gräber besucht; 1816, beim Tod seiner Frau Christiane, hat er den Tag im Bett verbracht. 1828, beim Tod des Großherzogs Karl August, mit dem ihn doch eine lebenslange Freundschaft verbunden hatte, ist er verreist. Um Goethe vor jeder Berührung mit dem Tode zu schonen, hatte schließlich die 1827 verstorbene Charlotte von Stein noch selbst verfügt, daß ihr Sarg nicht an Goethes Hause vorbeigetragen werden sollte.

Goethe wußte von Schillers Krankheit und dessen „immer mehr schwindender Hoffnung. Anfangs Mai" – so Goethe in den *Tag- und Jahresheften* – „wagt' ich mich aus, ich fand ihn im Begriff in's Schauspiel zu gehen, wovon ich ihn nicht abhalten wollte: ein Mißbehagen hinderte mich ihn zu begleiten, und so schieden wir vor seiner Hausthüre um uns niemals wiederzusehen."[11] Und so hat Goethe Schiller auf seinem letzten Krankenlager weder besucht, noch wollte er, obwohl Frau von Stein ihn dazu zu bereden suchte, den am 9. Mai Verstorbenen nochmals sehen. Dem nächtlichen Leichenbegängnis und der tags darauf gehaltenen kirchlichen Trauerfeier ist er fern geblieben.[12]

Dennoch hat Goethe auf seine eigene Art, anders als daß man es ihm hätte ansehen können, Trauer um den Freund getragen und sein Andenken bewahrt. Wie Johann Heinrich Voß berichtet, hatte Christiane Vulpius die Todesnachricht erst am Morgen des 10. Mai an Goethe zu überbringen gewagt: „aber auf die schonendste Weise, ohne das

Wort Tod auszusprechen. Da wendet sich Goethe seitwärts, und weint, ohne eine Silbe zu sagen. In sanftem Schmerze bringt er den Tag zu, und am Abend schon soll er gefaßt gewesen sein.“[13]

Goethe selbst berichtet, wie er versucht hat, die Trauerarbeit in Tätigkeit zu wenden: „Als ich mich ermannt hatte, blickt' ich nach einer entschiedenen großen Tätigkeit umher; mein erster Gedanke war, den *Demetrius* [Schillers nach dem zweiten Akt unvollendet zurückgelassenes Drama] zu vollenden. Von dem Vorsatz an bis in die letzte Zeit hatten wir den Plan öfters durchgesprochen... Nun brannt' ich vor Begierde, unsere Unterhaltung, dem Tode zu Trutz, fortzusetzen, seine Gedanken, Ansichten und Absichten bis in's Einzelne zu bewahren, und ein herkömmliches Zusammenarbeiten bei Redaktion eigener und fremder Stücke hier zum letzten Mal auf ihrem höchsten Gipfel zu zeigen. Sein Verlust erschien mir ersetzt, indem ich sein Dasein fortsetzte.“ Den Demetrius „auf allen Theatern zugleich gespielt zu sehen, wäre die herrlichste Todtenfeier gewesen, die er selbst sich und den Freunden bereitet hätte. Ich schien mir gesund, ich schien mir getröstet.“[14]

Dieser erste Plan zu einem literarischen Denkmal Schillers, das auf diesen als den schaffenden Dichter gewiesen hätte, scheitert. Goethe spricht von „mancherlei Hindernissen“, von „leidenschaftlichem Sturm und Verworrenheit“: „Übereilt gab ich den Vorsatz auf, und ich darf noch jetzt nicht an den Zustand denken, in den ich mich versetzt fühlte. Nun war mir Schiller eigentlich erst entrissen, sein Umgang erst versagt. Meiner künstlerischen Einbildungskraft war verboten sich mit dem Katafalk zu beschäftigen, den ich ihm aufzurichten gedachte... sie wendete sich nun und folgte dem Leichnam in die Gruft, die ihn geprängelos eingeschlossen hatte. Nun fing er mir erst an zu verwesen; unleidlicher Schmerz ergriff mich, und da mich körperliche Leiden von jeglicher Gesellschaft trennten, so war ich in traurigster Einsamkeit befangen."[15] An Karoline von Wolzogen, die Schwester von Schillers Witwe, schreibt Goethe am 12. Juni 1805, daß er bisher nicht den Mut gehabt habe, die Schwestern zu besuchen: „Wie man sich nicht unmittelbar nach einer großen Krankheit im Spiegel besehen soll, so vermeidet man billig den Anblick derer, die mit uns gleich großen Verlust erlitten haben."

Ein zweites literarisches Denkmal folgt erst im August 1805 und dieses zu schaffen war der „künstlerischen Einbildungskraft" Goethes möglich, weil er nun nicht an das unvollendet zurückgelassene Drama eines Verstorbenen, sondern an ein vollendetes, Leben, Tatkraft und Welt im höchsten Maße bejahendes Werk Schillers anschloß.

Im Rahmen der Gastspiele des Weimarer Hoftheaters in Lauchstädt ließ Goethe am 10. August in einer Gedenkfeier zunächst drei Akte aus Schillers *Maria Stuart*, dann sein *Lied von der Glocke* in einer dramatischen Aufführung und mit verteilten Rollen durch die Hofschauspieler aufführen. Das Journal des Luxus und der Moden berichtet hierüber:

Diesen Abend wurde im hiesigen Schauspielhause Schillers Andenken dadurch gefeiert, daß man die drei letzten Akte seines Trauerspiels ‚Maria Stuart' vorstellte, worauf sein bekanntes ‚Lied von der Glocke' dramatisiert folgte. Die Bühne stellte die Werkstatt des Glockengießers vor, mit allen Apparaten und Maschinen. Einige von den Schauspielern stellten die Meister dar, welche die Verse des Meisters deklamierten, und die phantasiereichen Reflektionen dazwischen wurden abwechselnd von den Gesellen und neun phantastisch geklei-

deten Damen, welche ab und zu gingen, gesprochen. Der Zapfen wurde ausgestoßen, und das Metall floß nach rechter Weise. Vorher aber wurde ein frommer Spruch gebetet, welchen eine Harmonie von Blasinstrumenten begleitete. Zwei Kinder, welche einer der Meister herbeibrachte, stellten uns die Häupter seiner Lieben vor, ‚und sieh es fehlt ihm kein teures Haupt.' Die Form war glücklich gefüllt, man ließ die strenge Arbeit ruhen und jeder tat sich im Hintergrunde gütlich von einer heitern Musik accompagniert. Als am Ende das Gebäude zerbrochen wurde und die Glocke wirklich auferstand, eilte man herbei sie mit Blumen zu schmücken und Girlanden zu binden, und nachdem sie mit der Kraft des Stranges eine bestimmte Höhe erreicht hatte, trat Madame Becker (welche uns zuvor als Maria Stuart entzückte) unter die Glocke, von da auf's Proszenium und sprach den von Goethe verfassten Epilog in Stanzen, worin er der letzten Arbeit des Verstorbenen, seines edlen Charakters, seines hohen Geistes, der Verdienste um das Weimarische Theater etc. erwähnt, und bei den Worten, ‚nun weint die Welt, und sollten wir nicht weinen, denn er war unser,' empfand gewiß jeder mit inniger Rührung den Verlust des großen, verdienstvollen Mannes; eine allgemeine traurige Stimmung verbreitete sich, und nach den letzten Worten der Rednerin ertönte eine kurze (man behauptet von Zelter komponierte) Trauermusik, bei deren letzten Takten der Vorhang langsam niederrollte.[16]

Wiederholt wurde diese Gedächtnisfeier am 9. Mai 1810 und am 10. Mai 1815, wobei Goethe den *Epilog*[17] etwas veränderte und um einige Stanzen ergänzte. Während einer Probe zur Erstaufführung soll Goethe mit Tränen in den Augen gegenüber der Schauspielerin Amalie Becker geäußert haben: „Ich kann, ich kann diesen Menschen nicht vergessen!"[18] Dies vermag einen Eindruck von der starken inneren Anteilnahme Goethes am Tod des Freundes zu vermitteln.

Ein Bericht Goethes über die Wiederholung der Feier anläßlich des zehnjährigen Todestag Schillers vermittelt uns eine Vorstellung von der Inszenierung, die eine „unmittelbare Beziehung" zu dem „ewig werten Verfasser" des *Liedes von der Glocke* herstellen sollte:

...ward Schillers Glocke nach der schon früher beliebten Einrichtung vorgestellt. Man hatte nämlich diesem trefflichen Werke, welches, auf eine bewunderungswürdige Weise, sich zwischen poetischer Lyrik und handwerksgemäßer Prosa hin und wider bewegt und so die ganze Sphäre theatralischer Darstellung durchwandert, ihm hatte man, ohne die mindeste Veränderung, ein vollkommen dramatisches Leben mitzuteilen gesucht, indem die mannigfaltigen einzelnen Stellen unter die sämtliche Gesellschaft nach Maßgabe des Alters, des Geschlechts, der Persönlichkeit und sonstigen Bestimmungen verteilt waren, wodurch dem Meister und seinen Gesellen, herandringenden Neugierigen und Teilnehmenden sich eine Art von Individualität verleihen ließ.

Auch der mechanische Teil des Stücks tat eine gute Wirkung. Die ernste Werkstatt, der glühende Ofen, die Rinne, worin der feurige Bach herabrollt, das Verschwinden desselben in die Form, das Aufdecken von dieser, das Hervorziehen der Glocke, welche sogleich mit Kränzen, die durch alle Hände laufen, geschmückt erscheint, das alles zusammen gibt dem Auge eine angenehme Unterhaltung.

Die Glocke schwebt so hoch, daß die Muse anständig unter ihr hervortreten kann, worauf denn der bekannte Epilog revidiert und mit verändertem Schlusse, vorgetragen und dadurch auch dieser Vorstellung zu dem ewig werten Verfasser eine unmittelbare Beziehung gegeben ward.[19]

In seinem *Epilog* nahm Goethe zunächst Bezug auf den im Vorjahr gefeierten festlichen Einzug des Erbprinzen Carl Friedrich von Sachsen-Weimar und seiner ihm soeben angetrauten Gemahlin, der Großfürstin von Russland, jetzt Erbprinzessin von Weimar, Maria Paulowna. Zu diesem Einzug hatte Schiller mit dem Dramolett *Die Huldigung der Künste*, d.h. mit seinem letzten vollendeten Werk beigetragen, das am 12. November 1804 auf dem Hoftheater zu Weimar aufgeführt worden war.[20] Nach den Schlußworten von Schillers *Glocke*

> *Freude dieser Stadt bedeute,*
> *Friede sei ihr erst Geläute!*

setzt Goethes *Epilog* ein:

> *Und so geschah's! Dem friedenreichen Klange*
> *Bewegt sich das Land und segenbar*
> *Ein frisches Glück erschien; im Hochgesange*
> *Begrüßten wir das junge Fürstenpaar;*
> *Im Vollgewühl, in lebensregem Drange*
> *Vermischte sich die thät'ge Völkerschaar,*
> *Und festlich ward an die geschmückten Stufen*
> *Die „Huldigung der Künste" vorgerufen.*

Nicht auf den verstorbenen, sondern auf den lebenden und mit der *Huldigung der Künste*, tatkräftig an der Weimarer Hofkultur mitwirkenden Freund nimmt Goethe Bezug. Erst in den nachfolgenden Stanzen wird dann die Klage über den Verlust Schillers laut, zugleich die Rühmung dessen, was er der Menschheit gegegeben habe und was diese zur Nachfolge auffordert:

> *Indessen schritt sein Geist gewaltig fort*
> *In's Ewige des Wahren, Guten, Schönen,*

17

Und hinter ihm, in wesenlosem Scheine,
Lag, was uns alle bändigt, das Gemeine.

Zur Gedächtnisfeier in Weimar anläßlich von Schillers
fünftem Todestag am 9. Mai 1810 hat Goethe dann hinzugefügt:

Zum Höchsten hat er sich emporgeschwungen,
Mit allem, was wir schätzen, enge verwandt.
So feiert ihn! Denn was dem Mann das Leben
Nur halb erteilt, soll ganz die Nachwelt geben.

Bemerkt sei, daß Goethe, während er die Aufführung der
Glocke auf der Lauchstädter Bühne vorbereitete und die
Stanzen des *Epilogs* dichtete, eine weitere größere dramati-
sche Dichtung geplant hatte: *Schillers Totenfeier.* Das Werk
sollte durch Zelter vertont und am 10. November als dem
Geburtstag Schillers aufgeführt werden. Doch ist diese
Arbeit nicht über einzelne Ansätze hinausgekommen.[21]

Insgesamt hat Goethe in den Gedächtnisfeiern für
Schiller die Vorstellung von einem in seinen literarischen
Werken fortlebenden und fortwirkenden Dichter erwecken
wollen. Der Gedächtnisort war das Theater, das freilich nur
die ephemere, vom Wort getragene Evokation erlaubte.

Goethes Plan zu einer Gedenkstätte
für Schiller im Jahre 1817

Damals hat Goethe auch an einen realen und dauernden Ort des Gedächtnisses gedacht; dieser sollte bezeichnenderweise aber nicht mit dem Grab zusammenhängen. Die fünfte, schon 1805 vorgetragene Stanze von Goethes *Epilog* zu Schillers *Glocke* beginnt:[22]

5. Schillers Gartenzinne in Jena
Ansicht von Nordosten, Rekonstruktion

19

6. Körners Weinberghäuschen in Loschwitz bei Dresden
Kupferstich von Nemetschek, 1829

Nun schmückt er sich die schöne Gartenzinne,
Von wannen er der Sterne Wort vernahm,
Das dem gleich ew'gen, gleich lebend'gen Sinne
Geheimnisvoll und klar entgegen kam.

Mit der „Gartenzinne" ist ein Gartenhäuschen in Schillers
Jenaer Anwesen gemeint (Abb. 5). In der südwestlichen
Ecke seines Gartens hatte Schiller 1798 über alten
Grundmauern ein Türmchen bauen lassen, in dessen
erstem Stock, zu dem eine hölzerne Außentreppe hinauf-
führte, sich ein kleines Arbeitszimmer befand.[23] Von hier
aus hatte Schiller einen herrlichen Blick auf die damals
noch unverbaute Landschaft. Vor allem konnte er hier
ungestört arbeiten. Unter anderem entstanden hier *Maria*
Stuart, Wallenstein und einige der großen Balladen.
Nachdem Schiller 1799 nach Weimar übergesiedelt war,

Übermüthig siehts nicht aus
Dieses stille Gartenhaus
Allen die darin verkehrt
Ward ein guter Muth beschert
Goethe 1828

7. Goethes Gartenhaus an der Ilm
Kupferstich von Ludwig Schütze, 1828

verpachtete er zunächst das Jenaer Anwesen und verkaufte
es dann 1802. Noch einmal kehrte er 1801 zurück, um hier
die *Jungfrau von Orleans* zu vollenden.

Das Dichterleben *procul negotiis* – auf dem Lande, in der
Natur, im Garten – das haben Horaz und Petrarca geprie-
sen, und Montaigne hat sich in den berühmten Turm
seines Landgutes zurückgezogen. Dies sind Orte der Inspi-
ration des Dichters, für die es auch im 18. Jahrhundert
viele Beispiele gibt.[24] So hatte sich Schiller schon 1785, also
lange bevor er seine Gartenzinne beziehen konnte, in das
Weinberghäuschen Körners nach Loschwitz zurückgezogen
(Abb. 6),[25] und auch Goethe hat sich seines Gartenhauses
im Park an der Ilm erfreut (Abb. 7).[26] Eine große Ähnlich-
keit mit Schillers Gartenzinne hatte vor allem Lavaters
Gartenhäuschen, ebenfalls ein Türmchen über hohem

21

8. Lavaters Gartenhäuschen über dem Zürichsee
Radierung von J. Rochmann

Sockel und mit einem Treppenzugang, welcher hinaufführ-
te in einen einzigen oberen Raum, der einen herrlichen
Blick über den Zürichsee gewährte (Abb. 8).[27]

Schillers Gartenzinne war Goethe wohlbekannt. 1798,
bei seinen häufigen Besuchen in Schillers Garten, hatte er
ihre Erbauung mitverfolgt. Noch bis zum 8. Juli hatte er in
Jena geweilt, am 11. Juli fand dann das Richtfest statt.
Schon wenige Tage später fragt Goethe aus Weimar an, ob
der Bau „glücklich gerichtet" sei und gibt der Hoffnung
Ausdruck, daß das „artige Gartenhäuschen" bis zu seiner
Ankunft, die dann am 1. August erfolgte, fertig sein
möge.[28] In der Folge haben die Freunde in der Gartenzinne
und an einem alten Steintisch unter einer Gartenlaube ihre
Ideen auseinandergesetzt und sich über ihre Werke ausge-
tauscht. Goethe hat diese Momente höchster freundschaft-
lich-geistiger Verbindung nie vergessen.

22

9. Johann Wolfgang von Goethe
Schillers Garten in Jena, April 1810, Bleistift, Tusche und Sepia
Stiftung Weimarer Klassik, Kunstsammlungen

Fünf Jahre nach Schillers Tod hat Goethe das Schillersche Anwesen mit der Gartenzinne im Vordergrund gleichsam in einem Gedenkblatt gezeichnet (Abb. 9),[29] und noch
im Oktober 1827 hat er seinen Eckermann in den Garten
geführt und ihm erklärt, „an welcher merkwürdigen Stelle
wir uns eigentlich befinden" und daß er hier „manches gute
und große Wort" mit Schiller gewechselt habe.[30] So ist nun
auch verständlich, daß Goethe schon im *Epilog* der
Lauchstädter Feier von 1805 auf die Jenaer Gartenzinne als
auf einen geradezu symbolisch zu verstehenden Ort des
Gedächtnisses an den Freund hinwies.

In dem zuerst im *Morgenblatt* von 1817 erschienenen
Aufsatz *Glückliches Ereignis* hatte Goethe seine langsame
Annäherung an Schiller und die schließlich zustande-
gekommene Freundschaft geschildert: „Und so besiegelten
wir... einen Bund, der ununterbrochen gedauert und für

23

uns und andere manches Gute gewirkt hat."³¹ Wohl im Zusammenhang damit steht Goethes in demselben Jahr 1817 gefaßter Plan, das bisher nur literarische Gedenken an den Freund nun auch in materieller und anschaulicher Form zum Ausdruck zu bringen. Am 23. März heißt es im Tagebuch: „Treppe an Schillers Gartenhaus besorgt". Was hier gemeint ist, geht aus einem Schreiben vom Folgetag hervor. Goethe, der sich damals, wie so häufig, in Jena aufhielt, wendet sich an den weimarischen Minister Christian Gottlob Voigt, mit dem er in verwaltungsmäßigen Dingen zusammenarbeitete:

Das Schillerische Gartenhaus betreffend: Schiller baute in die linke Ecke seines Gartens ein kleines Häuschen, wo zu einem einzigen Zimmer im ersten Stock eine frei stehende Treppe führte. Diese ist so wie die allzu tief liegenden unteren Schwellen verfault, diese wären höher neu einzuziehen, die Treppe in das Gebäude zu verlegen, und das Ganze so herzustellen, daß man zu dem obern Zimmer gelangen und Fremde dahin führen könne.

Diese wallfahrten häufig hierher, und meine Absicht ist den hergestellten Raum nicht leer zu lassen, sondern des trefflichen Freundes Büste daselbst aufzustellen, an den Wänden in Glas und Rahmen ein bedeutendes Blatt seiner eigenen Handschrift, nicht weniger eine kalligraphische Tafel, meinen Epilog zur Glocke enthaltend.

Hiezu wünscht ich nur einen Stuhl, einen kleinen Tisch dessen er sich bedient. Vielleicht Tintenfaß, Feder oder irgend eine Reliquie.

Alles sollte so viel es der Raum gestattet anständig und zierlich aufgestellt werden, den Wunsch Einheimischer und Fremder zu erfüllen und diese Freundespflicht gegen ihn zu beobachten.

24

10. Schillers Gartenzinne in Jena
Schreibkabinett im Obergeschoss, Rekonstruktion

Aus dem Faszikel des Kultusdepartements, das den Brief Goethes an Voigt enthält, geht schließlich hervor, daß am 4. April der Auftrag zu einem Kostenvoranschlag für die erwünschten Reparaturen an einen Maurer und an einen Zimmermeister gegeben wurde.[32] Wegen Geldmangels konnte der Wunsch Goethes, hier eine Gedächtnisstätte für den Freund einzurichten, jedoch nicht verwirklicht werden.

Bereits 1818 war die leicht gebaute Gartenzinne dann so verfallen, daß sie abgetragen werden mußte. Wie wichtig für Goethe dieser Ort aber bis zu seinem Lebensende war, zeigt sich nochmals 1830, als er das Vorwort zur deutschen Übersetzung der englischen Schiller-Biographie Carlyles schrieb und sich um die Ausstattung des Buchs kümmerte: auf dem Frontispiz ließ er einen Stich mit Schillers Wohnhaus, auf der Rückseite eine Ansicht der Gartenzinne abbilden.[33] Erst 1978-79 wurde die Gartenzinne durch die Universität Jena als originalgetreue Rekonstruktion wiedererbaut und als jene Gedenkstätte eingerichtet, die sich Goethe 1817 gewünscht hatte (Abb. 10).

Was waren die Goethe leitenden Gedanken für diese Schillergedenkstätte? Bei der Aufstellung von Schillers Büste, dachte Goethe sicherlich an das 1794 von Dannecker geschaffene Schillerporträt im Original oder in einer entsprechenden Zweitfassung. Diese Büste zeigt den jugendlichen Dichter und befand sich im Besitz der Familie Schiller; später gelangte sie in die Großherzogliche Bibliothek (Abb. 2).[34]

Welchen Wert aber maß Goethe in diesem Zusammenhang Schillers „Tintenfass, Feder oder irgendeiner Reliquie" bei? Daß es ihm nicht um eine sakrale Verehrung der Person Schillers als eines verstorbenen Heiligen ging, wird aus dem sonst bei Goethe geläufigen Wortgebrauch von „Reliquie" deutlich. Das Wort „Reliquie" kommt in der

Goethezeit überhaupt in einen solch massenhaften und säkularisierten Gebrauch, daß es schlicht ein Andenkenstück meint – ein Relikt mit Erinnerungswert.[35] Von der *Italienischen Reise* schickt Goethe dem Großherzog Karl August „eine militärische Reliquie" für dessen „Hausaltar" nach Weimar – nichts anderes als einen Holzspan, geschnitten aus einer Pferdetränke, die deutsche Soldaten Anno 1744 bei ihrer italienischen Campagne im Österreichischen Erbfolgekrieg aufgestellt hatten.[36] Und schon in den tändelnden erotischen Gedichten der frühen Leipziger Zeit überschreibt Goethe ein Gedicht mit *Die Reliquie* und meint damit Strumpfband und Haar der fernen Geliebten:

> *Reliquie du schöne Beute,*
> *Erinnre mich der alten Lust.*

Es ist bezeichnend, daß dieses Gedicht in *Goethes Werken* von 1813 mit einigen Veränderungen unter dem neuen Titel *Lebendiges Andenken* präsentiert wurde.[37]

„Lebendiges Andenken" auch in der Gartenzinne. Goethe wollte nicht auf Schillers Tod Bezug nehmen, sondern auf den Fortlebenden. Es sollte der Ort sichtbar werden, an dem Schiller gedacht und gedichtet hatte, auch sein Schreibtisch und Stuhl, Feder, Tinte und – wie es heißt – „irgendeine Reliquie." Ferner sollte der Freund im stellvertretenden Bildnis anwesend sein und in einem bedeutenden handschriftlichen Blatt. Schließlich sollte durch eine kalligraphisch gestaltete Tafel mit dem *Epilog* Goethes zu Schillers *Lied von der Glocke* eine Laudatio des lebendig bleibenden Werkes vermittelt werden. Kurzum, es sollte eine Gedenkstätte entstehen, an der man sich den lebenden und schaffenden Schiller hätte vorstellen können, eine Stätte, an der zudem mit dem Text Goethes die freundschaftliche Verbindung beider Dichter Ausdruck finden konnte.

Was die Porträtbüste anging, hatte Goethe solche Konzepte längst entwickelt. Im Mai 1804 hatte ihm Reichsfreiherr Wilhelm Christoph von Diede, der dänische Gesandte in Regensburg, das Ableben seiner Frau Luise mitgeteilt und um Goethes Meinung zu einem Grabmalsprojekt gebeten. Am 19. Juli 1804 antwortet Goethe und stellt zunächst fest, daß Personen, „wenn sie sich von unserem sinnlichen Horizont verlieren", durch unser „Gefühl in der idealen Hemisphäre unseres Daseins" aufzusuchen seien. Sodann schlägt er vor, „eine Büste der Verewigten", am besten durch den „fürtrefflichen Canova", fertigen zu lassen, womit „ein unschätzbares Geschenk für die Mitlebenden so wie für die Nachwelt entstehen" werde. In jedem Fall rät Goethe zu einem „plastischen Andenken, welches, nicht groß aber fürtrefflich gearbeitet, die Zierde eines Zimmers ausmachen könne." Endlich legt Goethe seinem Brief einen kleinen Aufsatz mit der Überschrift *Denkmale* bei: „ganz aus meiner Überzeugung, vielleicht etwas zu lebhaft geschrieben."

In diesem zuerst in den nachgelassenen Werken publizierten Aufsatz[38] sieht Goethe die „lieben Landsleute nicht auf dem rechten Wege", wenn es um Denkmale für „Abgeschiedene" gehe. Leider hätten sich die Monumente an die Gartenkunst angeschlossen, „und da sehen wir denn abgestumpfte Säulen, Vasen, Altäre, Obelisken und was dergleichen bildlose allgemeine Formen sind... Das beste Monument des Menschen aber ist der Mensch. Eine gute Büste in Marmor ist mehr wert als alles Architektonische, was man jemanden zu Ehren und Andenken aufstellen kann..." Nur Porträtbüsten oder Medaillenporträts, so fährt Goethe fort, könne er empfehlen, und er legt Wert darauf, daß ein solches Monument möglichst noch zu Lebzeiten gefertigt werden solle, weil es um die

Lebendigkeit des Dargestellten gehe. Schließlich fügt er hinzu, ein solches Denkmal solle transportabel sein, so daß es „zur edelsten Zierde der Wohnungen gereicht, anstatt daß alle architektonischen Monumente an den Grund und Boden gefesselt, vom Wetter, vom Mutwillen, vom neuen Besitzer zerstört, und, so lange sie stehen, durch das An- und Einkritzeln von Namen geschändet werden."

Die letzte Bemerkung bezieht sich auf ein durchaus schon damals allbekanntes Übel. So hatte man das 1790 in Hannover errichtete Leibniz-Denkmal mit einem Eisengitter sichern und sogar ein Schilderhäuschen mit Wache aufstellen müssen (Abb. 11).[39] Zudem war Goethes Wendung gegen Denkmäler, welche an die Gartenkunst anschlossen, indem sie als „abgestumpfte Säulen" und in anderen „bildlosen Formen" gestaltet waren, gerade im Falle Schillers begründet: Das erste Schillerdenkmal, 1813 von Carl Thure von Hellwig im Park seines Ritterguts auf der Insel Pucht in Estland errichtet, war als Säulenstumpf mit aufgesetztem Pinienzapfen gestaltet.[40]

Goethe hat die Frage des Erinnerungsmals auch 1809 im ersten Kapitel des zweiten Teils der *Wahlverwandtschaften* behandelt,[41] und als man zehn Jahre später zu seinem 70. Geburtstag in der Vaterstadt Frankfurt mit den Planungen eines Denkmals für ihn selbst begann, wandte sich Goethe gegen den aufwendigen Entwurf Friedrich Rumpfs für einen säulenumstandenen Goethe-Tempel auf einer Maininsel (Abb. 12).[42] Statt eines solchen in freier Natur errichteten Denkmals solle sein Bildnis – eine Sitzstatue von Christian Daniel Rauch – in der neuerbauten Frankfurter Bibliothek aufgestellt werden, dort „wo alle Literatur, also auch die schöne, zu Hause ist, wo die Wissenschaften zu Hause sind, denen der Dichter die Mannigfaltigkeit seiner Produktionen schuldig geworden"

11. Denkmal für Gottfried Wilhem Leibniz
Hannover, 1790, zeitgenössische Zeichnung

(Abb. 13).[43] Wie schon bei seinem Plan für die Schillersche
Gartenzinne (Abb. 10) denkt Goethe also auch hier an
einen Innenraum, an einen Ort, an dem des lebenden
Dichters im sinnlich erfahrbaren Umfeld seiner Arbeit, in
der Sphäre seines Schaffens gedacht werden kann.

Endlich haben bei diesem Konzept eines Gedenkraums
für Schiller wohl auch die Vorstellungen mitgespielt, die
Goethe im 8. Buch von *Wilhelm Meisters Lehrjahren* ent-

12. Friedrich Rumpf
Entwurf für einen Goethe-Tempel auf der Maininsel in Frankfurt,
1819-1822, Stiftung Weimarer Klassik, Kunstsammlungen

wickelt hatte. Im Mausoleum, in dem der Oheim Nataliens
ruht und in dem später Mignon zur ewigen Ruhe gebettet
wird, löst sich jede düstere Erwartung „in die reinste
Heiterkeit" auf, ist „jede Erinnerung an Tod und Grab auf-
gehoben." Der Oheim, in einem würdigen Marmorbild
dargestellt, hält eine Rolle vor sich, auf der zu lesen ist:
„Gedenke zu leben." Es ist dies eine von Goethe gesuchte
Inversion des „Memento mori", des „Gedenke, daß du

sterblich bist". „Welch ein Leben" – so Wilhelm – „in diesem Saale der Vergangenheit! Man könnte ihn eben so gut den Saal der Gegenwart und der Zukunft nennen. So war alles und so wird alles sein! Nichts ist vergänglich..."[44] Den Tod „statuierte" Goethe nicht, und so wollte er wohl auch den für Schiller in der Gartenzinne geplanten Gedenkraum verstanden wissen als „lebendiges Andenken."

13. Christian Daniel Rauch, Vierter Entwurf
zu einem Goethe-Denkmal, 1824 Nationalgalerie Berlin

Die Hebung der Gebeine Schillers
im Jahre 1826

Im Mai dieses Jahres notiert Sulpiz Boisserée bei einem Besuch in Weimar im Tagebuch: „Skandal mit Schillers Leiche".[45] Offenbar war öffentlich und in Weimar zum Gesprächsgegenstand geworden, daß das Landschaftskassendirektorium bereits im März eine Ausräumung des Kassengewölbes und damit auch die Hebung der Gebeine Schillers veranlaßt hatte. Freilich waren die dort übereinandergestapelten Särge in ein solches „Chaos von Moder und Fäulnis" zerfallen, daß ungewiss blieb, welches denn nun die Gebeine Schillers waren, was schließlich dazu führte, daß der an der Nachsuche beteiligte Weimarer Bürgermeister Karl Leberecht Schwabe auf den größten der gefundenen Schädel zeigte und schlichtweg konstatierte „Das muß Schillers Schädel sein."[46] Damit war die Sache zunächst entschieden.

Erst 1883 wurde diese Identifikation in Zweifel gezogen, und nachdem dann 1911 dreiundsechzig weitere Schädel aus dem inzwischen zugeschütteten Gewölbe geborgen waren, wurde – zu Recht oder Unrecht – aufgrund neuer anatomischer Vergleiche ein anderer Schädel als derjenige des Dichterfürsten bestimmt. In der Weimarer Fürstengruft, wo weiterhin die 1826 gehobenen Gebeine Schillers neben denen Goethes ruhen, wurde nun ein weiterer Sarg mit dem „zweiten" Schillerschädel aufgestellt, und bis heute ist unklar, welcher der beiden Schädel und ob überhaupt einer von beiden der „echte" sei.[47] Die heute mögliche Beantwortung dieser Frage mittels einer DNA-Analyse hat die „Stiftung Weimarer Klassik" als unwesentlich zurückgewiesen – klugerweise, denn wie bei den doppelt und mehr noch überlieferten Reliquien der Heiligen kommt es nicht auf die sogenannte Echtheit an, sondern auf die Wirkung, welche die Reliquien in der Geschichte entfaltet haben.

Kehren wir zurück in das Jahr 1826, so ist bezeichnend, daß Boisserée in seinem Tagebuch den „Skandal mit Schillers Leiche" zwar eigens erwähnt, daß die Tagebücher Goethes hierzu jedoch völlig schweigen. Dies ist umso auffälliger, als Goethe in der zweiten Maihälfte sich fast täglich mit Boisserée zu „vielfachen Gesprächen über nähere und fernere Gegenstände"[48] getroffen hat, wobei sicher auch das heikle Thema zur Sprache kam. Zu diesem Zeitpunkt in seiner Scheu, ja Berührungsangst vor dem Tod lehnte er jede Beschäftigung mit den öffentlich gewordenen Vorgängen ab und hielt sich fern von der anstehenden Entscheidung, was denn nun mit den inzwischen vom Weimarer Bürgermeister verwahrten Gebeinen Schillers geschehen solle.

Diese Entscheidung lag eigentlich bei der Familie Schillers, dessen Frau Charlotte ja schon eine Beisetzung der Eheleute in einem gemeinsamen Grab auf dem neuen Weimarer Friedhof geplant hatte. Charlotte verstarb aber bereits im Juli 1826, also wenige Monate nach der Hebung der Gebeine Schillers, in Bonn und wurde dort beerdigt.

Ein Vorschlag des Großherzogs und die Niederlegung der Reliquien Schillers in der Weimarer Bibliothek

Der alles weitere entscheidende Vorschlag kam nun von Großherzog Karl August. Am 8. September schickte Kanzler von Müller eine „hochwichtige Mitteilung" an Goethe:

Des Großherzogs Königliche Hoheit meint, ob es nicht am würdigsten wäre, wenn Schillers Schädel, statt in die verhüllende und zerstörende Erde versenkt zu werden, lieber für immer auf der Bibliothek, in einem besondern, anständig einzurichtenden Behältnis, aufbewahrt würde. Die Familie ist nicht abgeneigt, hierauf einzugehen, und diesen Nachmittag 4 Uhr will der Sohn die teuern, erprobten Überreste bei unserm Bürgermeister rekognoszieren. Vorher aber wünscht unser verehrter Fürst, der durchaus nicht eingreifen, nur als Privatmann seine ungefähre Ansicht aussprechen will, Euer Exzellenz Meinung und Urteil zu vernehmen, indem Er sich derselben fügen zu wollen im voraus erklärt.[49]

Albrecht Schöne hat in diesem Zusammenhang bemerkt, daß der alte Goethe die Umgangsformen bei Hofe beherrschte und lesen konnte, weshalb er es war, der sich dem Vorschlag des Großherzogs fügte.[50] Was nunmehr im Einzelnen geschah, haben Hecker und Schöne[51] detailliert dargestellt: Schon eineinhalb Wochen später, am 17. September, versammelten sich 17 Herren im Rokokosaal der Großherzoglichen Bibliothek (Abb. 14). Unter anderen ergriffen Riemer und Kanzler von Müller das Wort. Schillers Sohn Ernst übergab den in blaues Papier eingepackten Schädel seines Vaters an August von Goethe, den

Sohn des Dichters. Goethe selbst hatte sich als angeblich unpässlich entschuldigen lassen. Am Morgen hatte er dem ihn vertretenden Sohn eine Ansprache diktiert, die August nun vortrug:

Er dankte für die von der Familie Schiller zugleich an die Bibliothek gestiftete Marmorbüste Schillers, die Heinrich Dannecker noch zu Lebzeiten des Dichters geschaffen hatte (Abb. 2). Damit sei, und das war sicher ein für Goethe wichtiger Gesichtspunkt, „der ernste Tod mit dem heiteren Leben verbunden". Das „teure Haupt" und ebenso die anderen aufgefundenen Reste Schillers wurden nun im Postament der Dannecker-Büste niedergelegt. Den Schlüssel zu diesem Behältnis behielt sich Goethe selbst vor; er hatte die Oberaufsicht über die Anstalten für Wissenschaft und Kunst. Zudem ließ er durch seinen Sohn August erklären, daß nur denen „die Anschauung des Verwahrten" gestattet sein solle, von denen man gewiß sein könne, daß sie dies nicht aus Neugier begehrten. Ferner teilte August mit, daß sein Vater sich seine Meinung zu späterer „schicklicher Beisetzung und zu würdiger Bezeichnung von deren Stelle" vorbehalte.[52]

Hieraus, ebenso wie aus Goethes Fernbleiben, wird deutlich, daß die vom Großherzog verordnete Veranstaltung nicht im Sinne seines Ministers Goethe war. Dieser ist an diesem Tag mit der Schwiegertochter Ottilie nach Bad Berka gefahren, um dort in der Allee zu spazieren, hat sodann mit dem Badeinspektor Schütz gespeist und hat – wie es im Tagebuch heißt – die dortigen Einrichtungen, „mit Vergnügen" besichtigt.[53] Von Unpässlichkeit kann wohl keine Rede sein. Am 10. November schreibt Goethe dann an Boisserée: „Das Ereignis mit den Schillerschen Reliquien hat immer etwas Apprehensives", d.h. etwas Widerwillen Erzeugendes und er sei von der

14. Rokokosaal der Herzogin-Anna-Amalia-Bibliothek, Weimar

Sache zurückgetreten, als man gegen seinen Plan die
Translation des Schillerschädels in die Öffentlichkeit zog.
Anstelle des bisher „unerfreulichen" Vorgehens plane er
eine „freundliche Auflösung" und gedenke, „die köstlichen
Reste" zu bestatten, worüber er einig sei mit der Schiller-
schen Familie.

Abweichende Pläne
und Veranlassungen Goethes

Tatsächlich hat Goethe schon wenige Tage nach der Niederlegung des Schillerschen Schädels auf der Bibliothek ein Glasgehäuse bestellt und hat – kraft seiner Schlüsselgewalt – am 24. September den Schädel in sein Haus bringen lassen, wo er ihn sachgemäß reinigen und unter dem erwähnten Glassturz aufstellen ließ.[54] Insgesamt nur eine Woche blieb also das vom Großherzog erwünschte Arrangement aus Schädel und Büste Schillers auf der Bibliothek bestehen.

Goethe dachte vielmehr daran, die Gebeine des Freundes würdig zu bestatten; das hatte schon sein Sohn bei der Bibliotheksfeier angekündigt, und das berichtet auch Wilhelm von Humboldt nach einem Besuch bei Goethe am 29. Dezember 1826.[55]

Bei dieser Begegnung, bei der auch Riemer und Kanzler von Müller anwesend waren, hatte man – wie Goethe im Tagebuch in bezeichnender Weise vermerkt – Betrachtungen über die „Exuvien von Schiller" angestellt. Am 19. Januar 1827 schreibt Goethe dann an Boisserée, er plane auf dem neuen Weimarer Friedhof ein Doppelgrab, „wo sie dereinst meine Exuvien und die Schillerschen wiedergewonnenen Reste zusammen unterbringen mögen." Wie Schöne erklärt, spricht Goethe hier also nicht von „Reliquien", sondern er meint mit dem Wort „Exuvien" die wie eine Schlangenhaut abgestreifte Körperhülle, ein „nicht dem Tode sondern dem gestaltwandelnden Leben" geltendes „Sinnbild der Metamorphose".[56] Zu dem von Goethe geplanten Doppelgrab hat dann zwar Oberbaudirektor Coudray die Entwürfe geliefert, es gelangte aber nicht zur Ausführung, weil Widerstände der kirchlichen Behörden und endlich andere Dispositionen des Großherzogs dem entgegenstanden.[57]

Vorerst aber blieb Schillers Schädel im Hause Goethes.[58] Erst am 29. August 1827 mußte der Schädel auf Anordnung des Großherzogs im Eilverfahren noch einmal auf die Bibliothek expediert werden, weil ihn der in Weimar weilende König Ludwig I. von Bayern dort besichtigen wollte. Dessen Interesse stand vermutlich im Zusammenhang mit seinem schon als Kronprinz gefaßten Plan für die Regensburger Walhalla.[59] Aber auch der König hat vermutlich wenig Gefallen gefunden an der Präsentation des Schillerschädels,[60] so daß schon im September die großherzogliche Weisung erging, die Schillerschen Relikte sollten wegen meistens erfolgter Mißbilligung der Aufbewahrung auf der Bibliothek nunmehr in der Fürstengruft beigesetzt werden. Dort wurden sie am 16. Dezember 1827 in einem Sarkophag niedergelegt,[61] und dort befinden sie sich noch heute neben dem Sarkophag mit den Gebeinen Goethes.

Seit Auffindung und Identifizierung von Schillers Schädel im März 1826 war dieser also tatsächlich nur kurze Zeit in dem Arrangement aufbewahrt worden, das auf Wunsch des Großherzogs bei der Bibliotheksfeier vom 17. September getroffen worden war. Welche Vorstellungen haben den Großherzog zu dieser von seinem Minister Goethe offensichtlich mißbilligten Aufstellung bestimmt?

Ein Abguß von Raphaels Schädel
in Weimar

Um die unterschiedlichen Vorstellungen Goethes und Karl Augusts besser zu verstehen, bedarf es eines Exkurses zu einem weiteren berühmten Schädel, mit dem sich beide schon lange vorher beschäftigt hatten.

Wilhelm von Humboldt berichtet, daß bei seinem Besuch bei Goethe am 29. Dezember 1826 der Schädel Schillers in osteologischer Hinsicht mit einem Abguß von Raphaels Schädel verglichen worden sei.[62] Dieser „Schädel Raphaels" wurde zusammen mit einem Gemälde, das zeigt, wie der Hl. Lucas die Madonna malt und der dabeistehende Raphael ihm zuschaut, in der römischen Lukasakademie aufbewahrt. Heute wird das Gemälde der Raphaelschule zugeschrieben und 1833, im Jahre nach Goethes Tod, hat die Öffnung von Raphaels Grab im römischen Pantheon ergeben, daß der Schädel auf der Lukasakademie nicht von Raphael stammen konnte.[63] Zuvor genossen beide Reliquien als von Raphael selbst herstammend die allerhöchste Verehrung. In der *Italienischen Reise* bemerkt Goethe am 7. März 1788:

Ich sah die Sammlung der Akademie St. Luca, wo Raffaels Schädel ist. Diese Reliquie scheint mir ungezweifelt. Ein trefflicher Knochenbau, in welchem eine schöne Seele bequem spazieren konnte. Der Herzog verlangt einen Abguß davon, den ich wahrscheinlich werde verschaffen können.[64]

Goethe, der ja schon im November 1786 in Rom angekommen war, erfüllte vermutlich nur zaudernd und erst kurz vor der für April 1788 geplanten Abreise aus Rom eine Verpflichtung, die ihm der Großherzog längst auferlegt hatte. In einem Brief Goethes vom 16. Februar an Karl August heißt es:

Ihre Nachfrage nach Raphaels Schädel, erinnert mich an meine Versäumnis. Diese köstliche Reliquie habe ich noch nicht besucht, noch das schöne Bild von ihm nicht gesehen, das in der Akademie von St. Luca hängt. Ich will nächste Woche hingehen, und mich bei Rath Reifenstein erkundigen, welche Wege man einzuschlagen hat, um den Schädel formen zu lassen.

Beflissener noch schreibt Goethe dann am 18. März an den Großherzog: „Nach Ihrer Ermahnung bin ich sogleich nach St. Luca gegangen und habe Raphaels Schädel gehuldigt." Auch habe Reifenstein inzwischen die Erlaubnis der Akademie zur Abformung erhalten: „Sie werden große Freude haben, den Abguß zu besitzen." Endlich am 6. Mai 1788, schon in Florenz auf der Rückreise nach Weimar, meldet Goethe dem Großherzog, der Schädel sei unterwegs und mit dem Guß werde auch die Form geschickt.

Der Abguß des Raphaelschädels, der noch heute in Weimar erhalten ist, war also zunächst nur auf Wunsch des Großherzogs erstellt worden, doch die ebenfalls nach Weimar gelangte Form erlaubte nun weitere Abgüsse, wovon Goethe wohl jenen besaß, der am 29. Dezember 1826 in Gegenwart Wilhelm von Humboldts zu osteologischen Vergleichen mit dem Schädel Schillers benutzt wurde.

Wie Albrecht Schöne sicher richtig vermutet, hat Goethe 1826 den Schädel Schillers nur mit den Augen des Osteologen betrachtet,[65] und dies gilt auch für den Schädel Raphaels. Auch dieser wurde von Goethe nicht als gleichsam sakrale Reliquie verehrt. Am 6. April 1789, ein Jahr nach der Rückkehr aus Italien, berichtet Goethe in einem

Brief an Karl August offenbar belustigt über ein Heft mit neuen Gedichten: „...sie liegen mit den andern unter Raphaels Schädel, wohin das Cahier in meinem Schranke durch Zufall kam und nun, um des Ominösen willen, da bleiben soll. Moritzen [den damals bei Goethe zu Besuch weilenden Karl Philipp Moritz] amüsierte diese Kombination gar sehr.“

In den im folgenden Jahr geschaffenen bissig-ironischen *Venezianischen Epigrammen*, welche das Italienerlebnis kritisch reflektieren, heißt es dann respektlos:

Emsig wallet der Pilger! Und wird er den Heiligen finden?
Hören und sehen den Mann, welcher die Wunder getan?
Nein, es führte die Zeit ihn hinweg: du findest nur Reste,
Seinen Schädel, ein paar seiner Gebeine verwahrt.
Pilgrime sind wir alle, die wir Italien suchen;
Nur ein zerstreutes Gebein ehren wir gläubig und froh.[66]

Zwar 1790 in Venedig geschrieben hat Goethe doch – wie er am 17. August 1795 bei Vorbereitung der Drucklegung an Schiller schreibt – „um alle Steifheit zu vermeiden, unter das venetianische Lokal Vorläufer der übrigen Arten gemischt.“ Auch hat er die *Epigramme* in offenbar engem Zusammenhang mit den unmittelbar zuvor entstandenen *Römischen Elegien* gesehen und einige zunächst hierfür vorgesehene Stücke in die *Epigramme* hinübergenommen.[67] So liegt nahe, daß mit diesem Epigramm auch auf den im Auftrag des Großherzogs in Rom besichtigten und dann als Abguß mit nach Weimar gebrachten Schädel Raphaels Bezug genommen wird.

Seit dem Sommer 1788 wieder zurück in Weimar werden die naturwissenschaftlichen Untersuchungen wieder zu einem Hauptinteresse Goethes, und in diesem Zusammenhang ist ihm der Raphaelschädel ein Gegenstand der von

Gall ausgehenden modischen Schädellehre.[68] Bezeichnenderweise hat Goethe weitere Nachgüsse des Raphaelschädels an befreundete Schädelforscher geschickt, so an
Blumenbach, dem er 1793 „die Exuvien eines der schönsten Menschen in jedem Sinne, die gelebt haben" ankündigt[69] und 1794 an den in Erfurt lebenden holländischen
Gelehrten van Goens.[70]

Unterschiedliche Interessen
an den Schädeln
Raphaels und Schillers

Die Vorstellungen und Interessen, die der Großherzog mit
dem Schädel Raphaels und dann mit dem Schillers
verband, waren offenbar verschieden von denen Goethes.
Zu Recht hat Albrecht Schöne darauf verwiesen, daß mit
der Verbringung von Schillers Schädel in das Postament der
von Dannecker geschaffenen Porträtbüste der altbekannte
Typus des Büstenreliquiars aufgenommen wurde[71] – eine
von Goethe allerdings abgelehnte Übernahme des auf totes
Gebein fixierten christlichen Heiligen- und Reliquienkultes. In seiner bei der Bibliotheksfeier gehaltenen Rede
hatte Kanzler von Müller die Bibliothek zum „heiligen
Tempel der Kunst und Wissenschaft" und den Schillerschen Schädel zu einer „heiligen Reliquie" erhoben; „künftige Wallfahrten" seien zu erwarten. Goethe – der ja die
Schlüsselgewalt zu Bibliothek und Reliquienbehältnis
besaß – wurde vom Kanzler gar zum „Priester dieses Tempels" befördert.[72]

15. Grabmal des Ludovico Ariosto
Biblioteca Communale Ariostea, Ferrara

Damit ist die Feststellung Schönes zutreffend, daß hier ein
Paradebeispiel für die Säkularisierung christlicher Modelle
im Rahmen der „Kunstreligion" des 19. Jahrhunderts vor-
liegt.[73] Dies entspricht dem Nachweis von Annette
Dorgerloh, daß sich um 1800 selbst in den protestantischen Regionen Norddeutschlands ein neues Ver-
langen zeigte „nach historischer Vergewisserung anhand
von Konstrukten und Artefakten, die Authentizität sugge-
rieren konnten," was dann zu Umwidmungen alter
Reliquien auf „Kant" oder „Schiller" führte.[74]

44

16. Sterbezimmer des Torquato Tasso
Kloster von Sant' Onofrio, Rom

Traditionen der Erinnerungskultur

Als Grund für die Präsentation des Schillerschädels nach
dem Modell eines katholischen Büstenreliquiars nimmt
Albrecht Schöne nun an, daß sich in Weimar, bei den hier
agierenden und konfessionell protestantisch geprägten
Personen, „auf dem umgepflügten Boden des Protestantis-
mus (und fast ausschließlich hier) weltliche Mutanten der
Heiligen- und Reliquienverehrung hervorgetrieben haben,
die man durchaus als Kompensations- und Konkurrenz-
phänomene wird verstehen können."[75]

Dies trifft nicht zu, denn ein entscheidender Grund für
die dem Wunsche des Großherzogs entsprechende Präsentation des Schillerschädels auf der Bibliothek liegt in einer
eben nicht spezifisch protestantischen Erinnerungskultur.

45

Der Künstlerkult als säkularisierte Form des Heiligenkultes ist nicht erst eine Folge von protestantischer Kompensation und Konkurrenz zur katholischen Heiligenverehrung, sondern hatte längst seine Ausbildung auf eben katholischem Boden und dort vor allem in Italien gefunden. Die Verehrung des Raphaelschädels in der römischen Lukasakademie gibt hierfür ein Beispiel ab.

Auch das Grabmal mit den Gebeinen Ariosts, das Goethe 1786 in Ferrara noch in der Kirche San Benedetto gesehen hatte, war 1801 auf Veranlassung des französischen Generals Miollis in die Universitätsbibliothek übertragen worden;[76] diese trug fortan den Namen Biblioteca Ariostea, und das Grabmal Ariosts wurde zu einem selbstverständlichen Gegenstand kulturtouristischen Interesses (Abb. 15). Johann Gottfried Seume hat es dort bereits bei seinem Spaziergang nach Syracus im Jahre 1802 besucht und beschrieben,[77] und so dürfte dieses Beispiel der Verbringung von Dichterreliquien auf eine bedeutende Bibliothek auch in Weimar bekannt gewesen sein und ein Muster für die von Karl August gewollte Inszenierung der Gebeine Schillers in der Bibliothek abgegeben haben.

Daß Goethe solche Inszenierungen mit kritischer Distanz sah, hatte er schon während der Italienischen Reise deutlich gemacht, als er am 16. Oktober 1786 in Ferrara weilte und das damals noch in der Benediktinerkirche befindliche Grab Ariosts sowie das Gefängnis Tassos besuchte. Ihn überfiel

eine Art von Unlust... hier wohnte Ariost unzufrieden, Tasso unglücklich, und wir glauben uns zu erbauen, wenn wir diese Stätte besuchen. Ariosts Grabmal enthält viel Marmor, schlecht ausgeteilt. Statt Tassos Gefängnis zeigen sie einen Holzstall oder Kohlengewölbe, wo er gewiß nicht aufbewahrt worden ist. Auch weiß im Haus kaum jemand mehr, was man will. Endlich besinnen sie sich um des Trinkgelds willen. Es kommt mir vor wie Doktor Luthers Tintenklecks, den der Kastellan von Zeit zu Zeit wieder auffrischt. Die meisten Reisenden haben doch etwas Handwerkspurschenartiges und sehen sich gern nach solchen Wahrzeichen um. Ich war ganz mürrisch geworden...[78]

Wie Byron, Lamartine, Chateaubriand, Leopardi und zahllose andere hat selbstverständlich auch Goethe die berühmte römische Gedenkstätte für Tasso besucht (Abb. 16). Dies lag schon darum nahe, weil er damals das

17. Porträt des Titus Livius, Palazzo della Ragione, Padua

47

Manuskript zu seinem *Torquato Tasso* in der Tasche trug. In der *Italienischen Reise* berichtet er im Februar 1786 von Sant' Onofrio,

wo Tasso in einem Winkel begraben liegt. Auf der Klosterbibliothek steht seine Büste. Das Gesicht ist von Wachs, und ich glaube gern, daß es über seinen Leichnam abgeformt sei. Nicht ganz scharf, und hie und da verdorben, deutet es doch im ganzen mehr als irgendein anderes seiner Bildnisse auf einen talentvollen, zarten, feinen, in sich geschlossenen Mann.[79]

Auch hier eine Bibliothek, in der zwar nicht die Gebeine, aber doch die wächserne Totenmaske des im Jahre 1595 Verstorbenen und andere Reliquien aufbewahrt wurden. Aus dem „Winkel", in dem Tasso damals noch begraben lag, wurde dieser dann erst 1857 in ein prächtiges Grabmal überführt, wobei der alte Sarg in die Klosterbibliothek gebracht wurde und dort heute noch in einer gläsernen Vitrine ruht; andere hier gezeigte Reliquien sind Tassos Lesepult, sein Sessel und sein Kruzifix.

Daß solcher Kult mit den Reliquien der Dichter in Italien eine große und viel ältere Tradition hat, kann hier nur angedeutet werden. So wurde 1413 in Padua ein antiker Sarkophag ausgegraben, in dem man aufgrund der Inschrift die Gebeine des in Padua geborenen großen lateinischen Schriftstellers Titus Livius aufgefunden zu haben glaubte. 1426 wurden die Gebeine in einer Nische über einem der Portale des Palazzo della Ragione, also im wichtigsten kommunalen Gebäude Paduas, eingemauert, darüber ein marmornes Büstenporträt des Livius angebracht (Abb. 17). Wie eine lateinische Inschrift festhält, wurde dann 1451 auf Vermittlung des Humanisten und Diplomaten Panormita ein Armknochen des Livius entnommen

18. Denkmal für Virgil, 13. Jahrhundert
Palazzo della Ragione, Mantua

und als Reliquie an König Alphons von Aragon nach Neapel verschenkt.[80]

Ein großartiges Denkmal für den in Mantua geborenen Vergil wurde dort bereits im 13. Jahrhundert am Palazzo Communale aufgestellt (Abb. 18). Das Grab Vergils in Neapel war bereits in der Antike ein Ziel für Dichterwallfahrt und Dichterkult, es wurde später von Petrarca und Boccaccio beschrieben und erhielt über Jahrhunderte verschiedene Inschriften, darunter 1455: „Halte an, der du vorübergehst: Dies ist das Grab des Vergil".[81]

Was die wie christliche Reliquien angesehenen Gebeine der Dichter angeht, so ist schließlich Dante zu nennen, der 1321 in San Francesco in Ravenna begraben wurde. Über Jahrhunderte versuchten die Florentiner, die Gebeine des einst von ihnen Verbannten, später aber als größten Sohn der Stadt Gerühmten wieder heimzuholen. Anfang des 16. Jahrhunderts hatten sie dazu sogar die Einwilligung des aus Florenz stammenden Medici-Papstes Leo X. erlangt. Aber als man das Grab öffnete, waren die Reliquien des Dichters verschwunden. Aus Besorgnis des Verlustes hatten die Mönche von San Francesco sie entführt und an geheimer Stelle eingemauert, wo sie erst 1865 wieder aufgefunden wurden.

Und dem im Rahmen des christlichen Heiligenkults geradezu geläufigen Reliquienraub fiel dann auch der 1374 in Arquà verstorbene Petrarca zum Opfer: 1380 waren seine Gebeine in eine großartige, vor dem Dom stehende Arca aus rotem Veroneser Marmor gelegt worden; im 15. Jahrhundert wurde ein bronzenes Büstenporträt hinzugefügt (Abb. 19). Angeblich im Auftrag der Florentiner, die eine Reliquie auch dieses Dichters zu besitzen wünschten, hat dann 1630 ein gewisser Tommaso Martinelli ein Loch

19. Grab Francesco Petrarcas, Arquà bei Padua
Ansicht des 19. Jahrhunderts

in das mächtige Grabmal gesägt und zwei Armknochen des
Dichters entführt.[82]

Zu diesem „Reliquienkult" kommt dann eine in Italien
über Jahrhunderte in bedeutenden Denk- und Grabmälern
gestalthaft und anschaulich gewordene Erinnerungskultur
hinzu. Neben Dichtern und Gelehrten werden auch die
bildenden Künstler geehrt: so Raphael mit dem berühmten
Grab im römischen Pantheon (Abb. 20) und – zum
Höchsten gesteigert – Michelangelo mit dem Grabmal in
S. Croce in Florenz (Abb. 21).[83] Die 1807 erschienenen

20. Grabmal Raphaels, Pantheon, Rom

Sepolcri, in denen Ugo Foscolo die Gräber Michelangelos, Galileis und Macchiavellis in S. Croce besingt, spiegeln dann wiederum die Rückwirkung der bildhaften Erinnerungskultur auf die Literatur dieser Zeit. Im September 1786 auf der *Italienischen Reise* in Padua und bei Betrachtung des Platzes Prato della Valle (Abb. 22) konnte

52

21. Grabmal Michelangelos, S. Croce, Florenz

sich Goethe also nur wundern, über etwas, was es in
Deutschland nicht zu sehen gab:

*Ein ungeheures Oval ist ringsum mit Statuen besetzt, alle
berühmten Männer vorstellend, welche hier gelehrt und ge-
lernt haben. Einem jeden Einheimischen und Fremden ist*

53

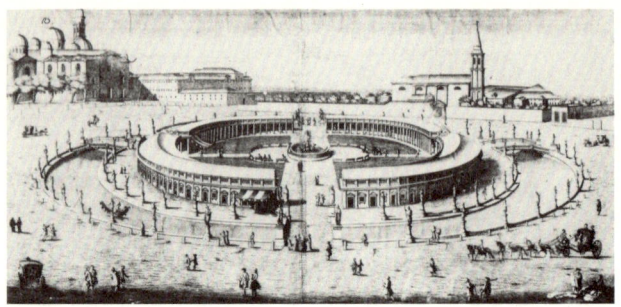

22. Prato della Valle, Padua
Ansicht vom Ende des 18. Jahrhunderts

erlaubt, irgendeinem Landsmann oder Verwandten hier eine Bildsäule von bestimmter Größe zu errichten, sobald das Verdienst der Person und der akademische Aufenthalt zu Padua bewiesen ist.[84]

Vor dem Hintergrund der in Padua aufgestellten 78 überlebensgroßen Standbilder, unter diesen auch Petrarca und Galilei, ist es bemerkenswert, daß das erste in Deutschland einem Dichter gewidmete Denkmal erst 1779 in Frankfurt an der Oder für Ewald von Kleist errichtet wurde, ein bescheidener Obelisk mit einem Porträtmedaillon (Abb. 23).[85]

Der Wunsch des Großherzogs, in den Besitz von Raphaels Schädel zu gelangen, ebenso die seinen Absichten folgende Inszenierung des Schiller-Schädels auf der Weimarer Bibliothek stellt also keine aus protestantischem Kompensationsdrang geborene Usurpation der Gebräuche katholischer Heiligenverehrung dar, sondern hat seine Vorbilder im Künstler- und Dichterkult, wie er seit den Zeiten des Frühhumanismus in Italien ausgebildet worden war und – getragen von einem massenhaften Kulturtourismus – sich bis in das 19. Jahrhundert lebendig erhielt.

23. Denkmal für Ewald Christian von Kleist
Frankfurt a.d. Oder, 1779, Ansicht des 19. Jahrhunderts

Die Formen solcher Künstler- und Dichterehrung hatten sich ebenfalls an den alten Heiligen- und Reliquienkult angelehnt. Aber eben den Umgang mit totem Gebein konnte Goethe allenfalls im Rahmen seiner naturwissenschaftlichen Studien hinnehmen. Für die Ehrung eines Dichters und Freundes mußte ihm dies mißfallen: „Den Tod statuiere ich nicht." Und schließlich hatte Goethe auch nichts übrig für den von ihm schon einst in Ferrara geschmähten „handwerksburschenartigen" Kulturtourismus, der schon damals alle Gedenkstätten Italiens überschwemmte. Und so mußte ihm die bei der Bibliotheksfeier vom 17. September 1826 von Kanzler von Müller stolz angekündigte „künftige Wallfahrt" zu Schillers Schädel ebenso widrig sein wie seine Ernennung zum „Priester dieses Tempels." Im übrigen war Goethe die sakral oder mythologisch eingekleidete Rühmung des „göttlichen Künstlers" auch auf die eigene Person bezogen peinlich, und er ist solchen ihm schon zu Lebzeiten angetragenen Überhöhungen als „Olympier" mit Ironie und Ablehnung entgegengetreten.[86] Dies gilt dann ebenso für Goethes Distanzierung von der Bibliotheksfeier, auf welcher der Freund Schiller als ein verstorbener und in seinen Gebeinen verehrter Kunstheiliger sakralisiert wurde.

56

Die Reliquien Schillers

Bei aller Ablehnung der öffentlichen Inszenierung war Goethe doch keineswegs innerlich unbeteiligt an den Ereignissen des Jahres 1826. Am 18. September, also schon am Tag nach der Bibliotheksfeier, begibt sich Goethe persönlich und allein auf die Bibliothek, um – wie es im Tagebuch heißt – „die gestrigen Gaben zu betrachten." Riemer erläutert in seinen Aufzeichnungen, es habe sich um die „Schillerschen Überreste" gehandelt und Goethe habe sich auch „den Schlüssel zu seinem Postament" geben lassen. Am 24. September – so weiterhin in den Tagebüchern – hat Goethe sich dann den Schädel Schillers in sein Haus bringen lassen, und bereits in der Nacht hat er an dem gearbeitet, was er lakonisch die „Terzinen" nennt, ein Gedicht, das dann bereits am Morgen des 26. September abgeschlossen wird: „Die Terzinen abgeschrieben".[87] Es sind dies die vom Versmaß Dantes bestimmten berühmten Verse:

Im ernsten Beinhaus war's wo ich beschaute
Wie Schädel Schädeln angeordnet paßten;
Die alte Zeit gedacht' ich, die ergraute.
Sie stehn in Reih' geklemmt die sonst sich haßten,
Und derbe Knochen die sich tödlich schlugen
Sie liegen kreuzweis zahm allhier zu rasten.
Entrenkte Schulterblätter! was sie trugen
Fragt niemand mehr, und zierlich tät'ge Glieder,
Die Hand, der Fuß zerstreut aus Lebensfugen.
Ihr Müden also lagt vergebens nieder,
Nicht Ruh im Grabe ließ man euch, vertrieben
Seid ihr herauf zum lichten Tage wieder,
Und niemand kann die dürre Schale lieben,
Welch herrlich edlen Kern sie auch bewahrte.

Doch mir Adepten war die Schrift geschrieben
Die heil'gen Sinn nicht jedem offenbarte,
Als ich inmitten solcher starren Menge
Unschätzbar herrlich ein Gebild gewahrte,
Daß in des Raumes Moderkält' und Enge
Ich frei und wärmefühlend mich erquickte,
Als ob ein Lebensquell dem Tod entspränge.
Wie mich geheimnisvoll die Form entzückte!
Die gottgedachte Spur die sich erhalten!
Ein Blick der mich an jenes Meer entrückte
Das flutend strömt gesteigerte Gestalten.
Geheim Gefäß! Orakelsprüche spendend,
Wie bin ich wert dich in der Hand zu halten,
Dich höchsten Schatz aus Moder fromm entwendend
Und in die freie Luft, zu freiem Sinnen,
Zum Sonnenlicht andächtig hin mich wendend.
Was kann der Mensch im Leben mehr gewinnen,
Als daß sich Gott-Natur ihm offenbare?
Wie sie das Feste läßt zu Geist verrinnen,
Wie sie das Geisterzeugte fest bewahre.[88]

Albrecht Schöne, dem wir die letzte umfassende und tief-
gehende Interpretation dieser Zeilen verdanken, schreibt:
„Ausgelöst durch den ersten Anblick des Totenschädels ist
da in wenigen Stunden aus der Mutterlauge all dessen, was
sich über Jahrzehnte hin an Entdeckungen und
Erfahrungen, Erlebtem und Bedachtem zusammenge-
funden hatte, in einem unerhörten Produktionsschub und
Transformationsprozeß das letzte der großen naturphilosophischen Altersgedichte Goethes hervorgegangen."[89]

So war zwar der Anblick des Schillerschen Schädels das
auslösende Moment für die „Terzinen" gewesen, aber der
Name Schillers wird an keiner Stelle genannt. Das Aktuelle

wird vom Dichter in höchster Diskretion verborgen, in der Erinnerung an zeitlich ferne Ereignisse und in poetischen Fiktionen: Zunächst ist die Rede von „alten Zeiten", von einem „Beinhaus" und „derben Knochen, die sich tödlich schlugen", womit Goethe an ein fast fünf Jahrzehnte zurückliegendes Erlebnis während der zweiten Schweizer Reise anknüpft. Damals hatte er im Beinhaus von Murten die Gebeine von tausenden Burgundern gesehen, die 1476 beim Sieg der Eidgenossen über Karl den Kühnen erschlagen worden waren. Auch ist deutlich, daß Worte und Bilder vorgeprägt sind vom Inferno in Dantes *Divina Commedia*, und schließlich sind Reflexe von Goethes Auseinandersetzung mit der Schädellehre Galls, mit den eigenen naturwissenschaftlichen Forschungen und mit seinen über Jahrzehnte hin entwickelten naturphilosophischen Ideen unübersehbar.90 Dennoch hat das Gedicht einen sehr persönlichen, aber gerade darum von Goethe scheu und sorgsam verborgenen Bezug auf Schiller.

Goethe hat dem Gedicht keine Überschrift gegeben und hat es erst 1829 zusammen mit dem Gedicht „Kein Wesen kann zu nichts zerfallen" am Ende der *Wanderjahre* veröffentlicht. Am 15. Mai 1831 hat er mit Eckermann darüber gesprochen, daß weder der Inhalt noch der Ort, an dem die beiden Gedichte veröffentlicht worden waren, verstanden werden könne, worüber Goethe lachte: „Es ist nun einmal geschehen, sagte er heiter, und es bleibt jetzt weiter nichts, als daß Sie bei der Herausgabe meines Nachlasses diese einzelnen Sachen dahin stellen, wohin sie gehören."91 Nur dem engen Freund Carl Friedrich Zelter hat Goethe die geheimnisvollen Umstände des Gedichts angedeutet, als er ihm am 24. Oktober 1827 schrieb: „Die Reliquien Schillers solltest Du verehren, ein Gedicht, das ich auf ihr Wiederfinden al Calvario gesprochen," womit Goethe an

59

die Auffindung des Heiligen Kreuzes durch die Kaiserin Helena erinnert[92] – auch dies wiederum ein verschlüsselter und distanzierender Hinweis auf ein fernes Ereignis der Heilsgeschichte.

Erst nach Goethes Tod, in den *Nachgelassenen Werken* von 1833, wurde der Bezug des Gedichts auf Schiller dann öffentlich gemacht, indem die Herausgeber ihm erstmals einen Titel gaben: „Bei Betrachtung von Schillers Schädel". Und in Anlehnung an den genannten Brief Goethes an Zelter bekam es schließlich in der Jubiläumsausgabe von 1902 den Titel „Schillers Reliquien".[93] Die platte Direktheit, in der hier ein tiefsinniges naturphilosophisches Gedicht als bloßes Lebenszeugnis mißverstanden wurde, findet sich dann auch in der 1897 von Gustav Eberlein geschaffenen Goethebüste mit dem am Sockel eingegrabenen Titel „Goethe bei Betrachtung von Schillers Schädel" und mit den Versen „Geheim Gefäß! Orakelsprüche spendend/Wie bin ich wert dich in der Hand zu halten?" Das originale Gipsmodell (Abb. 24) befindet sich heute im Besitz des Museums Weimarer Klassik, die Marmorausführung ist verschollen.[94] Noch 1983 heißt es von dieser Büste, Eberlein habe sie „nach einer wahren Begebenheit" gestaltet.[95] Eben diese „Begebenheit" gab es so nicht.

Wie die Umstände der Entstehung dieses Gedichts nahelegen und wie die Äußerung Goethes gegenüber Zelter verdeutlicht, liegt hier zwar ein Bezug auf Schiller zugrunde; aber Goethe hat diesen sorgsam verborgen. Die mit der Hebung von Schillers Gebeinen verbundenen Ereignisse waren nur ein äußerlicher und zudem mit poetischen Fiktionen verdunkelter Anlaß. Goethe setzt keine Gedanken in Verse, die ihn lediglich bei Betrachtung der Gebeine des Freundes bewegt hätten. Vielmehr gestaltet er ein sym-

Gebein Geföß Orakel sprühe spendend, Wie bin ich werth dich in der Hand zu halten?
Goethe bei Betrachtung von Schiller's Schädel.

24. Gustav Heinrich Eberlein
Goethe bei Betrachtung von Schillers Schädel
Gipsmodell von 1897, Stiftung Weimarer Klassik, Kunstsammlungen

bolisches Gedicht, das mit seinen naturphilosophischen Ideen ausgreift zu einer weit übergeordneten Sinngebung. Aus der Erinnerung an die Ideenwelt, über welche sich die Freunde auseinandergesetzt hatten, erwächst das würdigste Andenken an Schiller und an den Freundschaftsbund beider.

Diesseits aller tiefsinnigen Interpretationen der „Terzinen" geht das Wesentliche doch aus dem Text selbst hervor. Dem Dichter als dem „Adepten", das heißt dem in die Geheimnisse Eingeweihten, wird beim Anblick des Schädels die Offenbarung der Natur aus ihrer eigenen Schrift verstehbar. Aus der Erfahrung der Vergänglichkeit erwächst Einsicht in die Metamorphose alles Lebendigen und in die Unvergänglichkeit des Geistigen, so

Daß in des Raumes Moderkält' und Enge
Ich frei und wärmefühlend mich erquickte,
Als ob ein Lebensquell dem Tod entspränge.
Wie mich geheimnisvoll die Form entzückte!
Die gottgedachte Spur die sich erhalten!

Bei Anschauung dieser selbst in den materiellen Zeugnissen von Tod und Moder noch erkennbaren „gottgedachten Spur" wendet sich der Dichter „zum Sonnenlicht":

Was kann der Mensch im Leben mehr gewinnen,
Als daß sich Gott-Natur ihm offenbare?
Wie sie das Feste läßt zu Geist verrinnen,
Wie sie das Geisterzeugte fest bewahre.

Das „Feste", das Physische, wovon der Schädel Zeugnis gibt, verwandelt sich zu „Geist", was auch die Werke von Kunst und Dichtung einschließt. Das „Geisterzeugte" aber bleibt lebendig, und so finden diese letzten Zeilen ihre folgerichtige Fortsetzung im Geschwistergedicht „Kein

Wesen kann zu nichts zerfallen". Im Gespräch mit Eckermann äußerte sich Goethe am 2. Mai 1824 „mit großer Heiterkeit" über den Tod: „Mich läßt dieser Gedanke in völliger Ruhe, denn ich habe die feste Überzeugung, daß unser Geist ein Wesen ist ganz unzerstörbarer Natur, es ist ein fortwirkendes von Ewigkeit zu Ewigkeit, es ist der Sonne ähnlich, die bloß unsern irdischen Augen unterzugehen scheint, die aber eigentlich nie untergeht, sondern unaufhörlich fortleuchtet."

Goethes Gedenken an Schiller, wie es schon 1805 bei Rezitation der *Glocke* und des *Epilogs* auf dem Theater in Lauchstädt, dann 1817 bei dem Plan zu einer Gedenkstätte in der Jenaer Gartenzinne Ausdruck gefunden hatte, setzt sich fort in den „Terzinen" von 1827. Auch wenn Schillers Name hier nicht fällt, so ist doch sein geistiges Vermächtnis, das in der Freundschaft mit Goethe gewachsen war und das beide geprägt hat, mitgemeint. Insofern spricht das Gedicht nicht über „Schillers Reliquien", sondern ist selbst Reliquie, in die das „Geisterzeugte" und „Unzerstörbare" eingegangen ist, das mit beider Freundschaft entstanden war. Nicht im Zeugnis, das ein Totenschädel gab, sondern in Schillers Werken selbst, sodann in dem uns von Goethe vermittelten Andenken und in dem von Dannecker geschaffenen lebendigen Bildnis des jungen Dichters lebt dieser fort.

Literaturverzeichnis und Anmerkungen

Goethes Werke:

Goethes Tagebücher, Briefe und Gespräche sind zumeist nur mit dem angegebenen Datum bezeichnet; die betreffenden Textstellen finden sich in den entsprechenden Abteilungen von *Goethes Werke*, 143 Bde., Weimar 1887-1919 (Weimarer Ausgabe = WA). *Goethes Werke, Nachträge zur Weimarer Ausgabe*, herausgegeben von Paul Raabe, 3 Bde., München, 1990. Goethes Gespräche. Aufgrund der Ausgabe von Flodoard Frhrn. v. Biedermann hrsg. von Wolfgang Herwig, 5 Bde. Stuttgart und Zürich 1965-1987 (= Gespräche). Ferner werden zitiert: *Goethes Werke*, herausgegeben von Erich Trunz, 14 Bde., Hamburg 1948-1960 (Hamburger Ausgabe = HA). *Johann Wolfgang von Goethe. Gedichte*, herausgegeben von Karl Eibl, 2 Bde., Frankfurt 1998 (= Gedichte).

Mehrfach und abgekürzt zitierte Literatur:

Archenholz, Johannes Wilhelm von: Schillers Beerdigung, in: Minerva. Ein Journal historischen und politischen Inhalts, Hamburg, Hg. J.W. v. Archenholz, Zweyter Band für das Jahr 1805.

Hecker, Max: Schillers Tod und Bestattung, Leipzig 1935.

Müller, Ulrich: Das Schillerhaus mit Garten, in: Jenaer Universitätsbauten, hrsg. von Franz-Joachim Verspohl und Rudolf Zießler, Arnstadt 1995, S. 56-60.

Neuhaus, Volker: Zur Säkularisierung der Heiligenverehrung in der Goethezeit, in: Reliquien. Verehrung und Verklärung. Skizzen und Noten zur Thematik und Katalog zur Ausstellung der Kölner Sammlung Louis Peters, im Schnütgen-Museum Köln, hrsg. von Anton Legner, Köln 1989, S. 166-174.

Schlaffer, Hannelore: Klassik und Romantik 1770-1830 (Epochen der deutschen Literatur in Bildern), Stuttgart 1986.

Schöne, Albrecht: Schillers Schädel, München 2002.

Selbmann, Rolf: Dichterdenkmäler in Deutschland. Literaturgeschichte in Erz und Stein, Stuttgart 1988.

Seume, Johann Gottfried: Spaziergang nach Syracus im Jahre 1802, in: Johann Georg Seume, Werke, hrsg. von Jörg Drews, 2 Bde. Frankfurt 1993.

Wolzogen, Karoline von: Schillers Leben. Verfasst aus Erinnerungen der Familie, seinen eigenen Briefen und den Nachrichten seines Freundes Körner, 1830.

1 Staiger, Emil: Nachwort zu: Goethe – Schiller. Briefwechsel, hrsg. von Ernst Beutler, mit einem Nachwort von Emil Staiger, Frankfurt 1961, S. 556.

2 Hecker, Schöne, bes. S. 10-13.

3 Zitiert bei Archenholz S. 152.

4 Archenholz, S. 152 f.

5 Archenholz, S. 151.

6 Schöne, S. 9.

7 Schöne, S. 13.

8 Wolzogen, S. 7 ff.; bei Hecker, S. 12.

9 Wolzogen, S. 307; bei Hecker S. 277: „Der Sarg, mit Schillers Namen bezeichnet, ward in einem Gewölbe aufgebahrt. Auf verschiedene Anträge zu einer anderen Bestattung ging meine Schwester nicht ein, weil ihr die Idee des wackern Becker und des Grafen Benzel-Sternau, ein Gut für Schillers Hinterlassene, das Schillerhain heißen sollte, zu erkaufen, wo seine Überreste auf Grund und Boden der Familie ruhen sollten, zu sehr am Herzen lag. Die unglücklichen Kriegsstürme, die über das Vaterland einbrachen, störten die Ausführung dieses schönen Plans. Als ein neuer Kirchhof in Weimar angelegt wurde, wollte meine Schwester einen Platz kaufen für Schillers Sarg, neben dem sie selbst einst zu ruhen wünschte. Der brave Bürgermeister Schwabe, der als Jüngling Schiller zu Grabe getragen, erbot sich im Namen der Stadt zu freiwilliger Einräumung eines Platzes; ein kleiner Hain sollte an einem Hügel angelegt werden, und ein schöner würdiger Ruheplatz wurde ausgedacht."

10 Gespräche, Bd. III/2, S. 289.

11 WA I. Abt., 35. Bd., S. 190.

12 Zusammenfassend Schöne, S. 7 f.

13 Brief von Johann Heinrich Voß an Solger, 22/26 Mai 1805, bei Schöne, S. 8.

14 WA I. Abt., 35. Bd, S. 190-192.

15 WA I. Abt., 35. Bd, S. 192.

16 D.: Schillers Denkfeier auf dem Weimarischen Hoftheater in Lauchstädt, in: Journal des Luxus und der Moden, Bd. 20, September 1805, S. 620-621.

17 WA I. Abt., 16. Bd., S. 165-168.

18 Zusammenfassend zuletzt: Wulf Segebrecht: Was Schillers Glocke geschlagen hat (Vorabdruck einer Monographie über

Schillers *Lied von der Glocke*), in: Frankfurter Allgemeine Zeitung, vom 8. März 2005, Nr. 56, S. 36 und vom 9. März 2005, Nr. 57, S. 38.

[19] Zu Schillers und Ifflands Andenken, WA I. Abt. 40 Bd., S. 120 f. Zusammenfassend zuletzt: Wulf Segebrecht: Was Schillers Glocke geschlagen hat (Vorabdruck einer Monographie über Schillers *Lied von der Glocke*), in: Frankfurter Allgemeine Zeitung, vom 8. März 2005, Nr. 56, S. 36.

[20] WA I. Abt., 16. Bd., S. 433-435.

[21] Vgl. WA I. Abt., 16. Bd., Anhang zu S. 433 f.. Vgl. die Briefe Goethes an Zelter vom 1. Juni und 4. August 1805, sowie an Cotta vom 1. Juni 1805.

[22] WA I. Abt., 16. Bd., S. 166.

[23] Müller, S. 56-60. Pester, Thomas: Schillers Gartenhaus in Jena und der historische Gartenplan von 1799, Golmsdorf bei Jena 2003.

[24] Schlaffer, S. 143-152.

[25] Schlaffer, S. 147, Abb. 186.

[26] Schlaffer, S. 151, Abb. 188.

[27] Schlaffer, S. 147, Abb. 185.

[28] Vgl. die betr. Briefe an Schiller vom 15. und 18. Juli 1798.

[29] Müller, Abb. S. 57.

[30] WA V. Abt. Gespräche, 6.Bd. 1890, S. 238.

[31] WA II. Abt., 11. Bd. S. 13-20.

[32] WA IV. Abt. 28. Bd. (1903), Nr. 7689.

[33] Goethe an Carlyle am 6. Juni 1830: „Außen auf dem Hefte sieht man vorn Schillers Wohnung in Weimar, auf der Rückseite ein Gartenhäuschen, das er sich selbst erbaute, um sich von seiner Familie, von aller Welt zu trennen. Wenn er sich daselbst befand, durfte Niemand herantreten. Es war auch kaum für einen Schreibtisch Platz."

[34] Holst, Christian von: Johann Heinrich Dannecker. Der Bildhauer, Stuttgart 1987, S. 206, Abb. 197.

[35] Neuhaus, S. 171.

[36] WA IV. Abt., 8. Bd. S. 272, 292, 316.

[37] WA I. Abt., 1. Bd., S. 46, 378. Text hier nach: Gedichte, 1. Bd., S. 92. Vgl. auch das „Reliquienkästchen" mit Blumen, Zettelchen, Schleifen vom Busen der Geliebten in *Wilhelm Meisters Lehrjahren,* ebendort einen auf dem Theater hängen

gebliebenen Damenschleier als „wunderbare Reliquie", WA
I. Abt., 21. Bd., S. 124 f. und 22. Bd., S. 209.

[38] WA I. Abt., 48. Bd., S. 141 f.
[39] Selbmann, S. 31 f. mit Abb.
[40] Selbmann, S. 39 f.
[41] WA I. Abt. 20. Bd., S. 199-207.
[42] Selbmann, S. 42 f. mit Abb. des Entwurfs von Rumpf.
[43] „Betrachtungen über ein zu errichtendes Goethedenkmal",
1821, WA I. Abt., Bd. 42/2, S. 42-47.
[44] WA I. Abt., 23. Bd., S. 197-200.
[45] Schöne, S. 14.
[46] Zusammenfassung mit allen Nachweisen zuletzt bei Schöne,
S. 14.
[47] Schöne, S. 23 f.
[48] Tagebuch vom 25.05.1826, WA III. Abth., 10. Bd. (1899), S.
196. Die Tagebücher von März – Mai 1826, ebd. S. 166-199.
[49] Bei Schöne, S. 17.
[50] Schöne, S. 17.
[51] Schöne, S. 17-19.
[52] I. Abt., 42. Bd., Zweite Abt., S. 75-77.
[53] Bei Schöne, S. 19.
[54] Schöne, S. 5, 25, 27.
[55] Bei Schöne, S. 39.
[56] Schöne, S. 28.
[57] Hecker, S. 185-206.
[58] Schöne, S. 25.
[59] Traeger, Joerg (Hg.): Der Weg nach Walhalla. Denkmalland-
schaft und Bildungsreise im 19. Jahrhundert, Regensburg
1991.
[60] Schöne, S. 28.
[61] Schöne, S. 28 f.
[62] Bei Schöne, S. 40.
[63] HA Bd. XI, Italienische Reise, S. 672, Kommentar von
Herbert von Einem.
[64] HA Bd. XI, Italienische Reise, 526. In dem später verfaßten
Bericht zum Monat April geht Goethe dann nochmals aus-
führlicher auf diese „Wallfahrt" zur Lucasakademie, in der
Raphaels Schädel „als ein Heiligtum aufbewahrt" werde, ein;
ebd. 549 f.f.

[65] Schöne, S. 40.

[66] WA I. Abt., 1. Bd., S. 312.

[67] Gedichte, 1. Bd., Kommentar S. 1132 f.

[68] Schöne, S. 44-55.

[69] WA IV. Abt., 18. Bd., S. 55 und Nachträge zu Bd. I-XVII, S. 56.

[70] WA IV. Abt., 10. Bd., Anhang zu S. 223-225, Nr. 3115.

[71] Schöne, S. 24 f.

[72] Hecker, S. 150-152; vgl. Schöne, S. 20 f.

[73] Schöne, S. 20.

[74] Dorgerloh, Annette: Zwischen Vergänglichkeit und Dauer. Grab und Erinnerung in der Gartenkunst des 18. Jahrhunderts, in; Zeitschrift des Deutschen Vereins für Kunstwissenschaft, Bd. 56/57, Berlin 2002-2003, S. 196 f. Das sprechendste Beispiel hierfür ist ein Sammelreliquiar der Sammlung Peters in Köln, vgl. Neuhaus, S. 166-175.

[75] Schöne, S. 22.

[76] HA, Bd. XI, Italienische Reise, S. 596, Kommentar von Herbert von Einem.

[77] Seume, Bd. 2, S. 250: „Auf der Bibliothek findet sich jetzt auch das Grab und das Monument Ariosts, das sonst bei den Benediktinern stand: das sagt die neue lateinische Inschrift. Man zeigte mir mehrere Originalbriefe von Tasso, eine Originalhandschrift von Ariost und sein metallenes, sehr schön gearbeitetes Dintenfaß, an dem noch eine Feder war. Ohne eben die Authentizität sehr kritisch zu untersuchen, würde ich zu Oden und Dithyramben begeistert worden sein, wenn ich etwas inspirationsfähiger wäre. So viel muß ich sagen, die Bibliothek beschämt an Ordnung die meisten, die ich gesehen habe."

[78] HA, Bd. XI, Italienische Reise, S. 100.

[79] HA, Bd. XI, Italienische Reise, S. 172.

[80] Wolters, Wolfgang: La scultura veneziana gotica (1300-1460), Venezia 1967, Vol. I, S. 37, 169 f., Cat. No. 42. Vol. II, Tav. 160. Frey, Dagobert: Apokryphe Livius-Bildnisse der Renaissance, in: Wallraf-Richartz-Jahrbuch, Bd. XVII (1955), S. 132-164.

[81] Christoph Thoenes, Neapel und Umgebung, Stuttgart 1971, S. 467 f. Die Bedeutung des Vergil-Grabes für die Goethe-Zeit

erhellt z.B. aus: Giuseppe Sigismondo, Descrizione della città di Napoli e suoi borghi, vol. I-III, Napoli 1788-89, vol. III, S. 151-154. Vgl. Seume (1802), S. 308 f.

[82] Leoni, C.: Memorie petrarchesche, Padova 1843, S. 59. Canestrini, G.: Le ossa di Francesco Petrarca, Padova 1874.

[83] Zu den Exequien und dem Grabkult des „Göttlichen Michelangelo" vgl. Wittkower, Rudolf and Margot: The Divine Michelangelo. The Florentine Academy's Homage on his Death in 1564, London 1964, Fig. 20. Schütz-Rautenberg, Gesa: Künstlergrabmäler des 15. und 16. Jahrhunderts in Italien. Ein Beitrag zur Sozialgeschichte der Künstler, Köln und Wien 1978.

[84] HA, Bd. XI, Italienische Reise, S. 61.

[85] Davidis, Michael und Nickel, Gunther: Erinnerungsstücke von Lessing bis Uwe Johnson. Eine Ausstellung des Schiller-Nationalmuseums und des Deutschen Literaturarchivs, Katalog Marbach 2001, S. 19, 21, 109. Selbmann, S. 17 f., 25 f.

[86] Franz-Joachim Verspohl: Carl Ludwig Fernows Winckelmann. Seine Edition der Werke. Schriften der Winckelmann-Gesellschaft, Bd. XXIII, Stendal 2004, S. 49, mit weiterführender Literatur.

[87] Hecker, S. 153; zusammenfassend Schöne, S, 55.

[88] WA I. Abt., 3. Bd., S. 93 f.

[89] Schöne, S. 55.

[90] Schöne , S. 56-77.

[91] Vgl. Gedichte, 2. Bd., Kommentar S. 1199.

[92] Vgl. Gedichte, 2. Bd., Kommentar S. 1201.

[93] Vgl. Gedichte, 2. Bd., Kommentar S. 1201.

[94] http://www.hann-muenden.net/spontan/eb_goet2.htm

[95] Grimm, Rolf, Werkverzeichnis des Bildhauer, Malers und Dichters Prof. Gustav Heinrich Eberlein, Hemmingen 1983, S. 92, Kat. und Abb. 204.1.

Danksagung

Für förderliche Hinweise danke ich Herrn Prof. Dr.
Stefan Grohé, für die sorgfältige Textkorrektur Frau PD
Dr. Ekaterini Kepetzis, für Textverarbeitung, Reproduktio-
nen und Aufbereitung der Abbildungen Herrn Dipl.-Des.
Helmar Mildner.
Dem Kunsthaus Lempertz und dem Hanstein Verlag, in
deren gemeinsamen Bonner Stammhaus in der Fürsten-
straße Nr. 1 Charlotte, die Gemahlin Friedrichs von Schiller,
am 9. Juli 1826 verstorben ist, gilt mein besonderer Dank
dafür, daß sie die Herausgabe dieses Buches zum Gedenken
an den zweihundertjährigen Todestag des Dichters ermög-
licht haben.

Köln, im April 2005   Hans Ost

Abbildungsnachweise

Inhalt